van pen voor roos

Anke Kranendonk
Tekeningen van Ingrid Godon

de Bibliotheek
Breda

Z Zwijsen

roos is sip.
oo roos!

ik maak vis voor roos.

ik vaar aan vis.
vis en rok.

maar pen!
vis is vis.
vin aan vis.

en rok voor saar.

roos! roos!
roos is maar sip.
oo roos.

ik maak maan.
maan en sik.

ik ren en ren.
ik pak maan.

9

aan vis maak ik maan.

mooi pen!
mooi!
maar pen is ook raar.

vis is raar.
saar en rok ook.
ik sop en sop.

pen!
is pen sip?
oo pen!

ik vis maan op.
en ik raap vis op.

vis is voor pen.
pak maar!
saar is ook voor pen.

saar is kok.
mmm.

ik vis aap op.
aap is voor pen.

is pen sip?
en roos?
roos is naar maan.
pen ook.
en saar ...?

Raketjes bij kern 1 van Veilig leren lezen

1. ik ook?
Willem Eekhof en Jan van Lierde
Na twee weken leesonderwijs

2. mis, rik, mis!
Hans Kuyper & Marene Kok en
Mark Janssen
Na drie weken leesonderwijs

3. van pen voor roos
Anke Kranendonk en
Ingrid Godon
Na vier weken leesonderwijs

ISBN 90.276.7955.x
NUR 287
1e druk 2004

© 2004 Tekst: Anke Kranendonk
Illustraties: Ingrid Godon
Uitgeverij Zwijsen Algemeen B.V. Tilburg

Voor België:
Zwijsen-Infoboek, Meerhout
D/2004/1919/504